MARICON! SIMPLEMENTE COMIENZA LIBRO DE COLOREAR

BOOK 3

JASON POTASH

THIS BOOK BELONGS TO

Yap Kee Chong
8345 NW 66 ST #B7885
Miami, FL 33166

Createspace

boludo

ce pasa
ce coño

Chupame
la pija

come
mierda
y muerte

come
mierda!

comeme
el puto culo

cuero

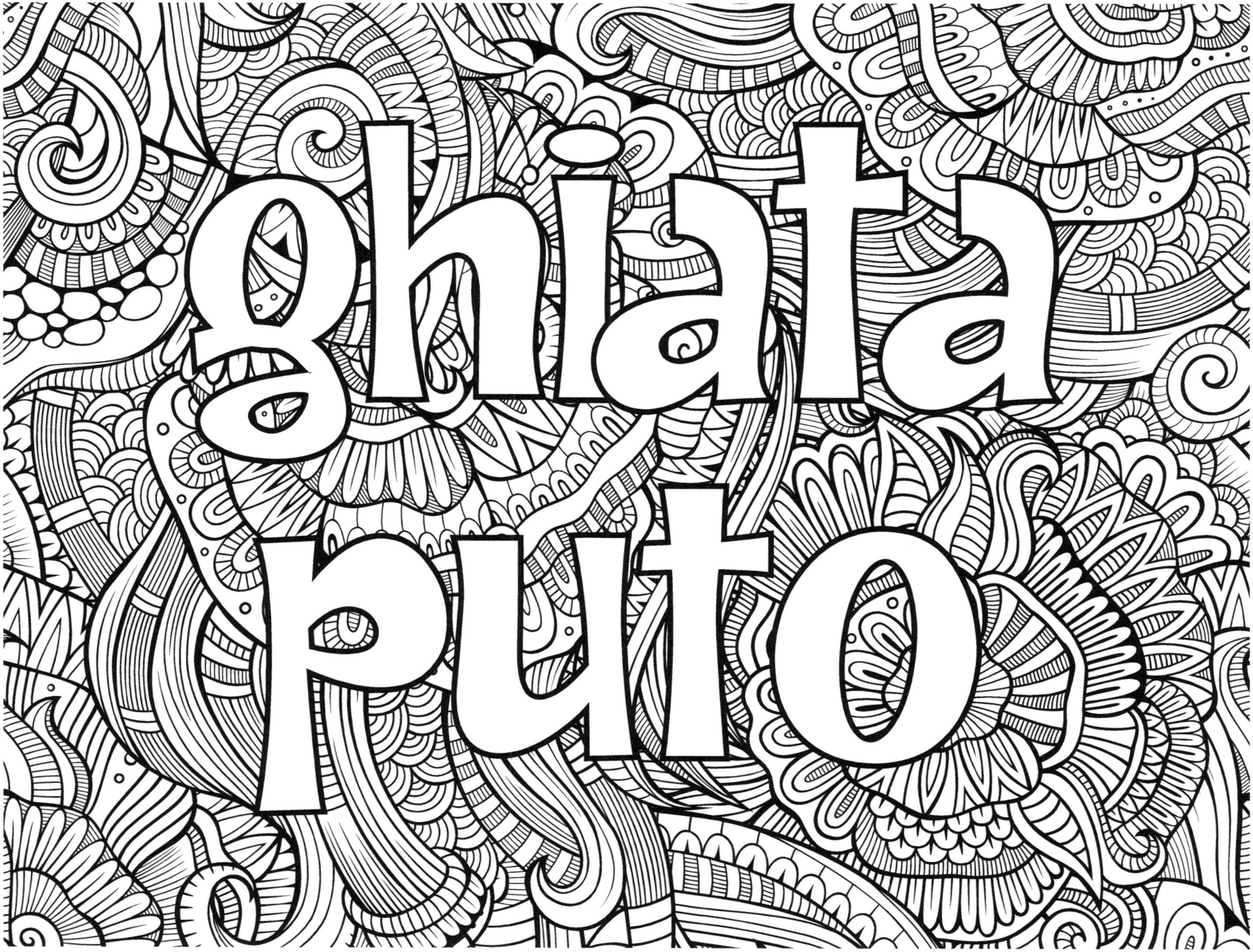
ghiata
puto

lela

malparida

Maricón

Mierda

momada

pajero

pequeno
pito

pero
que coño

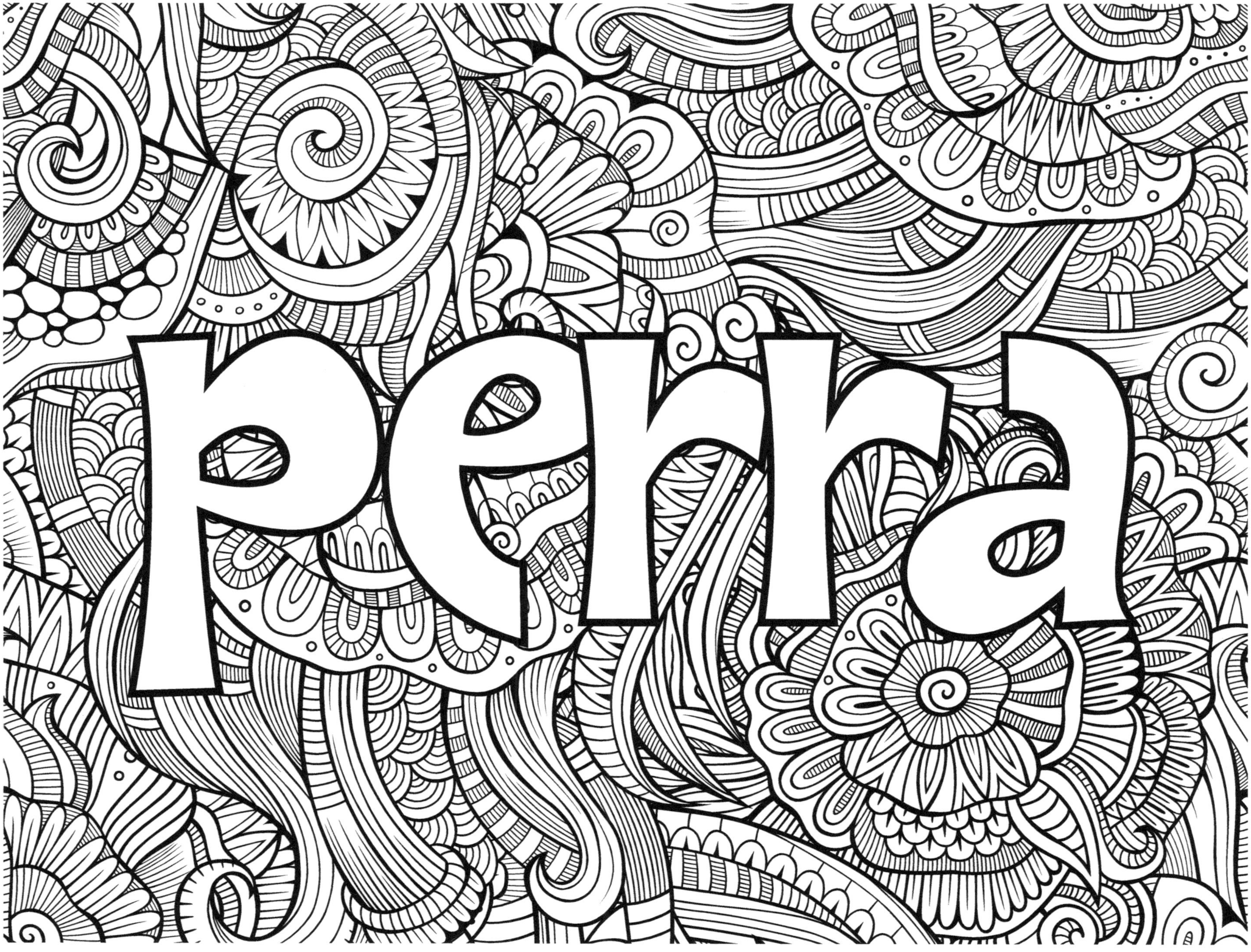
perra

punta
pincha

puta

Skonka

sopletia mela
la verga

vete al
infierno

vete ala
puta verga!

zopupla

Lightning Source UK Ltd.
Milton Keynes UK
UKHW05f1920060818
326847UK00004B/192/P

9 781367 467811